Die LYRIKEDITION 2000
begründet von Heinz Ludwig Arnold

Das Buch

»Ich kannte einen Jungen, der mit seinem Vater über die Dünen auf dem Weg zum Meer war. Gleich würde er es sehen, zum ersten Mal. Und als er es so vor sich liegen sah, rief er aus: *La piscine!*

So ein Verhältnis zur Welt hat auch der Dichter: er wird ein Leben lang diesen ersten Blick haben, etwas zum ersten Mal sehen. So ein Lyriker, wie wir ihn in Ulrich Koch haben, ist Vieles, auch unser Stellvertreter.«

Arnold Stadler

Der Autor

Ulrich Koch, geboren 1966 in Winsen an der Luhe, lebt östlich von Lüneburg und arbeitet als Angestellter in Hamburg. Bisherige Veröffentlichungen u. a.: »Weiß ich«, Residenz Verlag 1995; »Auf mir, auf dir«, Residenz Verlag 1998; Veröffentlichungen in Zeitschriften (u. a. manuskripte, BELLA triste et al.). Er erhielt Preise und Auszeichnungen, u.a. den Förderpreis des Stuttgarter Schriftstellerhauses 2007. 2008 erschien in der Lyrikedition 2000 »Der Tag verging wie eine Nacht ohne Schlaf«.

Ulrich Koch

Lang ist ein kurzes Wort

Gedichte

Mit einem Nachwort von Arnold Stadler

LYRIK
EDITION
2000

Weitere Informationen über den Verlag und sein Programm unter:
www.lyrikedition-2000.de

Gefördert von Books on Demand, Norderstedt

für Chan und Joni, Billie und Jane

© 2009 LYRIKEDITION 2000 in der Buch&media GmbH
Umschlaggestaltung: Buch&media GmbH, München
Herstellung: Books on Demand GmbH, Norderstedt
Printed in Germany
ISBN: 978-3-86906-070-5

Schlagt die Toten,
wenn sie kalt sind.

Man Ray

Pflege das Leben,
wo du es triffst.

Hildegard von Bingen

I Vorabend in der Vergangenheit

Vorabend in der Vergangenheit

Im Innenhof übt ein Junge
Weitschüsse. Vor jedem Schuss
nimmt er den Ball
in die Hände und
streicht ihm die Haare
aus dem Gesicht.

ALLERMORGEN

Ich kann das Brot
ins Wasser tunken.
Dann ist das Brot wieder weich
und das Wasser verschwunden.

Ich kann das Brot
im Ärmel verstecken
und ins Wasser sehn
und mein Gesicht auflecken.

GROSCHENROMAN

Es ist Samstagmorgen,
und wir sehen ins Gesicht der Verkäuferin
im Lädchen an der Hauptstraße.
Vielleicht sind wir entfernt verwandt.

Mit dem abgekauten Bleistift
rechnet sie unser Leben nach.
Ihr Haar fällt übers Blatt.
Du zählst ihr das Geld

in die Hand, langsam
wie Bruderküsse.
Vom Grund ihres Gesichts
tauchen die Sommersprossen auf.

DIENSTAG, BESUCH

Verwohnte Autos: der Blick hinüber
beim Überholen. Landschaften, mit Schneeresten
an den Himmel geklebt, mit zitternden
Pfützen, Drähten und Gräben.

Ein Warnschild für Nebel
in der Ostheimer Senke. Dann: Nebel
in der Ostheimer Senke. Wolken mit Trauerrand,
als hätten sie in Erde gewühlt.

Der flache Tagtraum einer Kleinstadt am Mittag.
Rauch, der aus einem Schornstein schlägt.
Eine Straße. Jenes Haus. Die Tür, angelehnt.
Eine Frau, die in Einkaufstüten den Müll rausträgt.

ÄTHERRAUSCHEN

Als wir zu leben vergaßen,
zu lieben, damals,
in den wunderbaren Jahren,
blind für das, was wir sahen,

und die Fenster in den Zügen
sich noch öffnen ließen
und die Ärzte vierteljährlich
ohne Einmalhandschuh grüßten,

da saßen wir abends
lange noch da, saßen und lauschten
dem Ätherrauschen:
dem Wind in den Sportplatzfichten

und Schwimmbadpappeln,
übers Wasser trieben Samen,
und sahen dem Krabbeln
der Wäschespinnen zu,

die auf dem Rasen neue Netze
knüpften für die letzten
Hemden, aus denen unsre weißen
Herzen schlüpften.

April

Schwer zu ertragen ist das Gebell der Hunde
im Dezember wenn sie versuchen
mit den Flügeln zu schlagen
es klingt wie Befehle alter Generäle.

Im Januar findet die Amsel kaum Halt
auf den Dächern im Schnee in den Liedern
und die Türen der Häuser sind kalt wie die Rücken
von Büchern oder Leuten am Feuer.

Wolken gehn im Februar in die Welpenschule
die Schüler werden vom Regen geweckt
der vermischt ist mit Flocken grau und zum Kauen
wie Muttermilch die nach Halmen schmeckt.

Tote und Gras haben sonnige Bäuche
im März wenn die Lerche vom Meeresgrund steigt
gleich hörn wir in den Eiern die Flügel rauschen
und den Anzug des Toten im Kleiderschrank.

OKTOBER

Auf der Straße eine abergläubische Katze
oder der Schatten einer Verflossenen.
Von der Ewigkeit ist eine Alte geblieben,
die der Landarzt zurücklässt, wenn er

seinen Hausbesuch beendet hat.
Sie sitzt am Fenster auf einem Sessel
wie auf einem Schoß und isst
ihren Mund. Das Wohnzimmer

sieht fern. Bofrost oder eismann
parkt am Straßenrand,
den gefrorenen Abend ausladend,
der hinter den Fenstern taut.

NACHSOMMER

Schon badet morgens der Fuchs in den Wiesen.
Die trächtige Katze wirft einen riesenhaften Schatten
und zieht ihn hinter sich her wie einen Sack
voll Jungen, nass und schwer. Im Erdgeruch
der Eichenschatten wälzen Kälber den Mittagsschlaf,
deren Schwänze wie von selber nach den
letzten Fliegen schlagen. Wenn nachmittags
die Kalligraphen schlafen, fliegen auf den Feldern die
Rabenkrähen auf, die Anfangsbuchstaben
des nächsten Abendlieds, das auf den abgemähten
Halmen spielt, bis die ersten Kamine qualmen,
mit dünnen Fäden, die das Leben verlängern,
indem sie den Himmel heimlich schwängern.
Bis ich mein eigenes sing, das immer gleich
verklingt: ein Fahrrad taucht auf im verschlammten
Teich der Mühle. Darüber eine Libelle im
Rückwärtsflug, die mein Leben auf Anfang spult.

Gegenfrage

Wenn ich die Augen schließe
was sehe ich dann
was ich auswendig lernte
oder vergessen habe
dich
oder nichts

POST 1

Wenn die Erde festgetreten ist,
setzt die Erinnerung ein
wie ein leichter Regen
auf unsere Körper,
die Bodenvögel sind
und leicht
aufeinander hereinfallen.
Aber das Haar wird glatt
wie eine Amsel
auf dem Dach.

WÄSCHE UND WOLKEN

Wolken, Abglanz der schönen Jahre,
in denen die Wäsche im Garten hing
an sonnigen Sonnabendnachmittagen,
wenn der linke Flügel der zweiten Mannschaft
(ausgerissen, mit der 11 nummeriert)
mit der Hundezunge um die Wette troff
und die Büstenhalter der Nachbarin
als riesige Brillen das Wasser ablasen
und die Gipsabdrücke gegen den Zweifel
der Nachwelt sich drehten und fingen
und schwebten: ihre Nachthemden
überm geschorenen Rasen; dass wir
flüchtig sind, die Hemden damals
wussten es noch und zerrten an allen
vier Himmelsrichtungen, halsüberkopf,
wussten es wie die Leinwände unsrer
nächtlichen Stummfilme, die Laken,
wie die Hüllen der Kissen und Decken,
unter die man wie unter Röcke kroch:
Kalender des Schmutzes, den der Wind
abreißt am heutigen Tag. Ein Anblick
wie damals, so jäh, dass man
die da sind schon lange vermisst.

Spätheimkehrer

In den Bäumen hat
die Stimmauszählung begonnen.
Vor den Türen liegen
die frischen Zeitungen.
In der Küche brennt schon Licht
im Bauch des Wals.
Ich hebe meine Schlüssel auf
wie ein Baum
ein einzelnes Blatt.
So komm ich nach Hause
und bin schon aufgestanden
vom gemachten Bett.

SEKUNDENSCHLAF

Heimweh, Sekunde,
trächtig mit dem Summen einer Hummel.
Dämmersang. Gefiedertes.
Der Himmel treibt mit geschlossenen Augen
Wolkenschatten.
Die Schubkarre steht mit dem Gesicht zur Wand.
In den Zinken der Harke hängen grüne Haare.
Dem Spaten fällt ein Stück Lehm aus der Hand.
Schnecken, gedankenschwer von Kopfsalaten.
Und jeden Morgen die Vernissage des Gartens –
Bienen laufen durch die frischen Farben,
verschleppen sie bis an den Feldrand.
Darüber: die Lerche im Paternoster.
Die Heimmannschaft der Rabenkrähen.
Möwen, freihändig Fahrrad fahrend.
Und jeden Abend das Licht,
das die Bäume abfackeln,
Stille, die in den Kleidern hängt
wie der Rauch, wenn wir
zurückkommen vom Fest,
uns im Gehen ausziehen
auf dem Weg ins Bett,
bis wir unsichtbar sind.
Und wie sehr dir das alles gefällt,
und wie schwer dir das fällt.

SAMSTAGMITTAG

So still ist es: die Bäume werfen
Katzenschatten.
Im Mund ist es Morgen bis zum Mittagsschlaf.
Klopfzeichen von Teppich zu Teppich.
Erdenleicht vom Vorabend:
die ersten Schritte der Säufer.
Moos auf Satellitenschüsseln,
wie Watte im Ohr.
Fahrräder, vom Rost gemalt,
von alten Zahnbürsten geputzt.
Das Volkslied im Hörgerät.
Der Augenaufschlag der Küchenuhr.
Bäuchlings mit ausgebreiteten Armen
liegen die Schatten
der Strommasten auf den Feldern.
Eine hupende Wagenkolonne,
an der Spitze das Brautpaar
mit dem Trauerkranz
auf der Motorhaube.
Die Sonne schiebt das Essen
unter der Tür hindurch.
Jetzt steigen sie aus:
ein Schatten, der schleicht,
ein Schritt, erdenleicht.

ENTRÜMPELN

Im Brennholz hinterm Schuppen
hält der Rauch den Atem an.
Der Holunder hat den Tag ausgetrunken
und leckt sich die schwarzen Lippen.
Im Kettenbrief des Laubfalls
hat der Wind eine Lücke gefunden.
Das Fernweh der Fenster
wird mit Blumen gestillt.
Im Wohnzimmer sind die Sessel
mit Beginn der Nacht an Land gekrochen.
Der Couchtisch schläft schon im Stehn.
Die leere Flasche mit Selbstgebranntem
ist bis zum Hals mit Vergessen gefüllt.
Auf dem Fernseher, lang schon dement,
liegt das Programm, sein Gedächtnis.
Der Hund jault hinter der Tür im Bad.
Im Schlafzimmer hat sich das Bett
auf der Hälfte des Lebens durchgelegen.
Im Flur hängt ein Spiegel für die Verwandten.
Beim Schließen beklagt sich die Tür, die klemmt.
Ach, schlechte Angewohnheit des Todes,
sich immer ins Warme dazu zu legen.
Der Weg vorm Haus ist frisch geharkt.

WIE

Durch Genickbruch beim Torjubel.
Mit einem letzten Willen:
dem ersten Kuss.
Mit einem Lächeln oder
Epikur auf den Lippen.
Als Schlaf in den eigenen Armen.
Mit einem Brief in der Jacke.
Auf dem Kuvert eine Anschrift,
vom Wind verwischt.

ELEGIEBRUCH

1

Windräder
Kollektoren

Spätes Gras
Geknüpfte Gespräche

Kissenhüllen
Ministranten
Kinosäle

2

Wie gern man verließe,
was man dann liebte.

II Selbstgespräch mit niemand

EINE JENER SCHÜRZEN

Sie trug noch eine jener Schürzen:
verwaschen, kariert und auf Taille
geschnürt. So stand sie schon in der Tür
zur Diele, die Hände warm von den Taschen.
Wir spielten Mau-Mau, Nachmittage lang.
Ich glaube, ich ließ sie gewinnen.
Draußen waren Kinder, spielten mit Hunden,
und Bäume trugen den Vogelgesang
schwankend hinüber ins Dunkel.
Wir spielten Karten, verloren, gewannen
und saßen für immer drinnen.

SELBSTGESPRÄCH MIT NIEMAND

Der Mond war ein Leckstein auf der Pferdeweide,
jede Pfütze mit Froschlaich ein Blatt mit Noten.
Waren Birken im Regen aus Kohle oder Kreide?

Auf den Äckern froren die Feldrandsteine
unverändert bis Ostern nach oben. An unsren Haaren
zogen sich Jahre ans Licht. Die Augen der Toten

waren mit Zucker gerändert. Die Brille auf der Nase,
Vater fand sie nicht. Mutters Blick
war aus künstlicher Seide, die im Sommer darauf

auf der Leine verblich. Sie hängt dort bis heute,
wenn an Sonntagvormittagen
die Haut noch vom Bad am Samstag riecht.

DAS BETT

Als kühle Hälfte,
in Erwartung
deiner Wärme.

In einer billigen Pension,
mit Blick
auf Lagerhallen
und eine Straße, über die
leere Taxis rasen.

Unter der Dachschräge.
Beim Wiedersehen
kommt Unruhe auf.

Frisch bezogen
nach einem plötzlichen
Fieber.

Himmlische Putzkolonnen

Hinter allen Fenstern werfen sie Schatten
und wischen die Böden mit Honig und Milch.
Danach stehn ihnen die Haare zu Berge, sprühn
Funken und knistern im Dunkeln, wenn sie
die groben Pullover über die roten Köpfe ziehn.
In der Lehmhütte des Himmels, die Schwalben
bewohnen, sehn sie uns atmen: wir stampfen
den Boden. Sie wischen am Morgen den Schlaf
vom Gesicht, danach den Staub von den Uhren.
Wer geht, legt den Schlüssel ins bekannte Versteck.
Wer bleibt, sieht vorm Fenster die Apfelbäume.
Darunter schneit es Amselspuren.

WÄSCHELEINEN

Hier verschenkt das Licht Almosen –
blinkende Knöpfe an Arbeitshosen.

Hier wohnt eine alte Frau –
auf der Leine nasses Grau.

Hier gibt sich eine Familie die Blöße –
Unterwäsche in jeder Größe.

An dieser hier trocknen Felle,
dahinter die offenen Ställe.

Im Garten des toten Bäckers hängt keine.

Auch der Horizont hat eine gespannt.
An seiner hängt ein neues Land.

DER TOTEN LEITUNG

der toten leitung, blank geführt –
einer der wäscheleinen folgend,
gelangst du zurück und gehst
dem herbstgeruch des kellers auf den leim:

in der speisekammer werden seit jahren
die föten eines frühlings
von den einmachgläsern ausgetragen:
der birnen flache bäuche,

die blinden augen der pflaumen,
kirschen: frühreif, ewig errötend.
summend springt die kühltruhe an.
im flur oben trägt die garderobe

die traube der jacken
in den tarnfarben des alters,
daneben der große spiegel,
dein schöpfer, vor den du jetzt trittst,

und du machst dir ein bild
von deinem gesicht – an deinen haaren
ziehn sich jahre ans licht,
den blick hast du geerbt, teile

vom körper, und alles, was du
gesehen je, ist schon vergoren:
im schlafzimmer weckt die stehende uhr
erinnerungen an sonntagmorgen.

unter den betten, von abwesenheit
überfroren, wehn wollmäuse in der zugluft
der tür, die sich öffnet und schließt
hinter leuten, die kommen und gleich

wieder gehn. im nachttisch reste:
tabletten, schokolade. unterm fenster
ein falter, sein nachthemd skelettiert.
auf den tapeten blumen, auf den blüten

fotorahmen: die schwarzen flügel
verflogener jahre. ein hochzeitspaar
und zwei kindergesichter bebildern
den schlaf, der nichts mehr gebiert.

ABENDLICHT

wächst langsam, wie Getreide,
lässt das Brot etwas heller schmecken.

Sie nimmt die Laken von der Leine.
Dahinter ahmen Mückenschwärme

den Urknall nach im Gegenlicht.
Ich räume den Tisch ab, Reste, Geschirr.

Auf der Milch wächst schon Haut,
wie die oberste Schicht von dem,

was wir ständig vergessen. Nachts
kommen Katzen, lecken die Tropfen

mit kurzen Zungen, vom Schweigen
abgebissen. Vom Sprechen zerkaut ist keine.

Die Laken überm Arm, geht sie
ins Haus. Im Hof steht der Hund,

um die Schnauze
grau, vom Wachen fast blind.

Ich seh, wie er unsichtbar
hinter sich selbst herhinkt.

WAS AUCH IMMER GESCHIEHT

immer leichter wird
die Lerche immer schwerer

in seinem stillen Fallen
denkt der Schnee
an sich selbst

kein Grund zur Sorge
kein Grund zur Eile

das Gras hört sich wachsen
dann frisst es die Kühe

ganz von allein hörst du auf
atmen dich die Jahre ein

kein Grund zur Sorge
kein Grund zur Eile

die Engel hören sich selber singen
die Sekunden knüpfen sich selbst

die Blätter vemehren den Wind
die Nüsse zählen sich

weißt du was

die Sonne wechselt die Haut
das ist alles

ELTERNHAUS

Lautes Ticken
der Küchenuhr,
wie es sich langsam entfernt,
weiß man,
dass sie gegangen sind.

Am siebten, abends

Das leere Gefühl des Tages
füllt sich langsam mit Dunkelheit.
Mückenschwärme, Sägespäne des Lichts.
Die Zeiger der Küchenuhr
kommen vom Spaziergang zurück.
Die Kühe auf der Weide
haben heute einen Ausflug gemacht.
Der Admiral überfliegt
das Landkärtchen.
In jedem Nebenzimmer
kämmt die Stille ihr Haar,
das sie heute offen trägt.
Vor den Garagen
tauschen die Getrennten
die Kindersitze aus.

M

Dass die Kürze des Lebens
eine optische Täuschung
Traueranzeigen Druckfehler
Schwarz gar keine Farbe
die Jungfrau Jungfrau
ihr Mädchenname wie Honig klingt
so meine sehr kurzsichtige
sehr leichtgläubige
lichtgläubige
lebenslange

SONNTAG

Ich besuche Vater und Mutter
mit dem Fahrrad. Links und rechts
am Lenker die Gießkannen.

III Lang ist ein kurzes Wort

Hauch

Sichelleise
Kohlenwinter
Elbeis

WINTERPAUSE

das schöne Gras: vom Frost verbrannt
das Tornetz geflickt und mit Schnee besprüht
die Augen des Schneemanns am Spielfeldrand:
Kohlen oder Amseln, ausgeglüht

leer die Tribüne, auf der ich stehe
das Jahr hat sich mit einer Kerze befreit
im Mondlicht äst eine Handvoll Rehe
im Anstoßkreis, zum Abschuss bereit

irgendwo hier war doch dein Haus
irgendwo hier in der Nähe
ob ich es wiederfinde

wenn ich noch einmal umdrehe?
zwei Fahrräder nüchtern vorm Clubheim aus
und an jedem lehnt eine Linde

MARIECHEN

das Gedächtnis zersiedelt
alle Hymnen abgefiedelt
und sag mal, liebst du mich eigentlich noch?
wieso?
na, du sagst es so oft

ha! war nur ein Scherz!
und wir lachen und zählen
die Zähne, die fehlen!

aber ein feines Schweigen
wäre dein Bleiben

und ich kann den Schnee riechen

in deinem Namen, Mariechen

Im Mai

das wird Tränen geben
fürchte ich

heute abend
werde ich dich verlassen

stille Tränen
wie farbloses Nasenbluten

ich hoffe
dass du da bist

JARDIN

Das Licht spielt
mit verbundenen Augen.
Der Wind auch.

Spätherbst
Langsamkeit
Ewigkeiten

Und mittendrin diese Frau,
die den Schatten ihres Kinderwagens
übern Kies schiebt,
der unter den Rädern knirscht
wie Sand
zwischen den Zähnen.

Schüleraustausch

Vor kurzem schrieb mir die Jugendliebe
(sie hatte mich ausfindig gemacht),
sie habe sich wiedererkannt
in einem Gedicht.

Sie saß auf dem Gepäckträger
nach der Schule ans Meer.
Wir fuhren im schwersten Gang.
Nebel, Dünkirchen.

Was war passiert?
Nichts.
Nur, was wir alle erhoffen
und doch so befürchten:

Was war, ist
von jetzt an vorbei.

Was man einmal so liebte:
literarisch geworden –
unsterblich und endlich
für immer gestorben.

PALERMO

Glockengeläut
ist kein Vers,
aber so beginnt dieses Gedicht,
in dem es Mittag ist.

Im Botanischen Garten
schläft der Geheimrat auf einer Steinbank
unterm Ginkgo.

Unter unsrem Fenster
wartet ein Blinder mit seinem Hund
an der Ampel. Der Hund
sitzt auf seinem Schatten
wie auf einem fliegenden Teppich.

Alles schläft. Auch der Gekreuzigte
an der Wand
mit seinem Gesicht
aus Wachs.

Unter den parkenden Autos
trocknen Ölflecken
und Katzen.

Und du befreist mich
von deinem Kleid.

S-Bahn

dein verschwiegenes Kleid

nächster Halt: Musikschule
zwei Schüler steigen zu
die Geigenkoffer auf dem Rücken
wie Buckel vom Warten

die baumelnden Halteschlaufen
in einen Tunnel gewehtes Laub

im Sackbahnhof wechselt der Zugführer
den Triebkopf geht
am Zug entlang
ein wandelnder Gedanke

dann wieder Bäume
Häuser
dein verschwiegenes Kleid

POST II

nach dem Essen
und nach der Liebe
fühl ich mich doppelt schwer
und bleib noch sitzen
und hab gleich vergessen
wie hungrig ich war
und das Bett ist leer

Schnecken

Lang, kurzes Wort,
ich sag dich immer wieder.
Im Schlaf kriecht die Zunge
bis an ihr Ohr:
ein leeres Haus
voller Abschiedslieder.

Das Hohe Lied

Ein Mann fährt am Abend mit der Bahn nach Hause und betrachtet nach getaner Arbeit seine Hände, fassungslos, als hätte er eine Frau erwürgt. Ihm gegenüber sitzt eine. Sie ist unglaublich hässlich. So hässlich ist sie, dass der Zug Mühe hat, von der Stelle zu kommen und, da er einmal Fahrt aufgenommen hat, wieder anzuhalten. Der Mann kann sich nicht satt sehen an ihr, an den Verformungen, Disproportionen, Auswüchsen. Gebannt starrt er auf ihre wie breitgetretenen Hände, auf ihre unglaublichen Brüste, auf ihre Haare im Gesicht, auf die zusammengewachsenen Augenbrauen, auf die Ohren, auf die riesige Nase. Als er aussteigt, steigt auch sie aus. Auf der Rolltreppe fahren sie hintereinander stehend ans Abendlicht. Er spürt ihren Atem im Nacken. Er geht die letzte Straße hinunter und gelangt an sein Haus. Sie steht hinter ihm. Als er die Wohnungstür öffnet, steht ein nacktes hässliches Kind auf dem Flur und schaut ihn mit großen Augen an. In der Nacht steht die Frau einmal auf, geht in die Küche und kommt wieder ins Schlafzimmer zurück und sitzt noch eine Weile auf dem Bettrand, krumm, wie mit herunterhängenden Flügeln. Was war, fragt er. Ich hatte Durst, sagt sie. Er dreht sich um, ihre kalten Füße im Rücken.

DREIECKSGESCHICHTE

Wolken ziehen.
Am Horizont Kirchtürme und Schlote.
Ein Gehöft, ein Zaun,
der das Grundstück umläuft
wie ein angeleinter Hund.

Eine Straße, die mitläuft,
mit Bäumen am Rand
als Zuschauer.
Blätter wie Hände.
Dann gibt sie auf.

Eine Bahnschranke,
wie ein riesiger Strohhalm.
Obstplantagen. Kirschbäume,
deren Blätter sich drehen
wie eingerostete Schiffsschrauben.
Eine Kleinstadt. Dann
eine andere.

Ein Haferfeld, über das der Wind streicht,
als hätte es sich darunter gelegt.

Auf einer Weide ein Pferd
mit seinem wackeligen Fohlen.
Und kurz darauf
ein Pony mit seinem,
das aussieht
wie schon das Kind von dem andren.

KLEINANZEIGEN

Ihre Verlobung
geben bekannt.
4127 Gramm.
Danke sagt der Konfirmand.
Zeugen gesucht.
Katze entlaufen.
Ring gefunden.
Haus zu verkaufen.
Kaum zu glauben,
aber wahr.
In seinen Händen.
Statt Kränze
Spenden.

Beim Verlassen der Kunsthalle

Gegen vier Uhr trete ich wieder ins Freie.
Die Adern am Handgelenk sehen aus wie Fraßgänge.
Von der Hauswand auf der anderen Straßenseite
löst sich ein überlebensgroßes Plakat.

Kein Bild hat mich gerettet.
Aber die Frau an der Kasse
roch nach Weichspüler
und hatte ein Gesicht,
schön wie ein Lied.

Bei laufendem Motor

Auf der Via Appia, Rom
liegt schon weit zurück,
kommt uns
am Abend ein Krüppel entgegen
auf einem verchromten
dreirädrigen Gefährt
mit Hupen, Rückspiegeln, Wimpeln.
Kommt quer
vor uns zu stehen.
Ein Außerirdischer, lächelnd
bei laufendem Motor.

DIENSTREISE

Eine lange Fahrt.
Ich komme an.
Niemand will wissen,
ob ich glücklich bin
oder ihn liebe.
Im Nachtschrank des Hotelzimmers
eine Bibel,
in der Schublade darunter
nichts.
Die fremde Frau, die ich
zum Abschied umarmen will,
schüttelt den Kopf
und wendet sich ab.

POST III

Ich fragte, ob sie was hat.
Sie strich ihr Kleid glatt
überm Knie. Ich soll mich nicht
so anstellen, sagte sie.
Das Kleid schlug schon wieder
Wellen. Ich frage nie wieder.
Nie.

ZWISCHENFALL

Der Zug bleibt stehen.
Die Pferde werden getränkt.

Für einen Moment bin ich die junge Frau,
die in diesem Moment bemerkt,
dass ich sie beobachte
und aus dem Fenster schaut,
auf das weggeworfene Schild der Malerfirma
am Waldrand,
und der Wald leuchtet.

Dann wird die Sanduhr umgedreht,
der Zug ruckt an,
und wir verlieren uns im Gewimmel der Haltstelle
und sind umgeben von
Laubfall und Schritten.

FUND

ein alter Brief
es hätte doch weitergehen können
Jahre
bis heute

was ich damals nicht begriff
leuchtet mir heute ein
was ich nicht wusste
schmerzt
wie etwas
das ich vergessen will

PLATONISCH

Ich stehe
auf der anderen Straßenseite
und beobachte das Haus.

Ich bin hierher gelaufen,
ohne es zu wollen,
außer Atem.

Es ist noch derselbe Vorhang,
ohne Muster,
nachlässig vors Fenster gezogen.

Zu dieser Zeit
ging das Licht immer aus.

Ständchen

Was mich lähmt?
Mein Spiegelbild,
das mich angähnt
wie erfüllt.

Was mich quält?
Meine Zuversicht,
die mir fehlt
im Dämmerlicht.

Was mich dauert?
Meine Wenigkeit,
die sich betrauert
als Einzelheit.

Was mich beglückt?
Das Paar gegenüber,
das zu mir blickt,
als wär ich ihm lieber.

VOR JAHREN

von etwas Unerreichbarem geträumt
und von einem Seufzer
aufgewacht. Ich ging schon aufrecht, aber
die Gedanken krabbelten noch.
Da fand ich eine Fliege, ihr Rücken grün schimmernd
wie die Augenfarbe
der nächsten Niederlage.

NACHTBLATT, IRGENDWANN

Das Vertrauen, ich meine ein ganz bestimmtes,
nimmt man bei der Hand
und gibt es ab, bei so einem,
der sich Puppendoktor nennt.
Nach Jahren erhält man es wieder,
in einem Schuhkarton
aus der Dachkammer.
Mit abgebissenen Ohren
und offenem Mund.

BRANDUNG

Jeder Hügel erleichtert mich. Stille,
mich zieht sie an. Die abgemähten Felder.
Gestapelte Bäume. Späne. Gespaltenes Holz,
schwer und noch feucht: das Kommen und Gehn
der Vögel und Leute, mir sagt es zu.
Helle Gesichter, eiskalte Morgen,
ein Foto der Klasse, in der alles
begann: ich hänge daran. Gern
seh ich fallen Regen und Schnee,
sackend, treibend, stiebend, verweht.
Laub, geflüstertes Licht auf dem Weg.
Hinter jedem Satz schließt sich der Mund.
Und Brandung lockt mich, offenes Feuer
und der Duft von oben, wenn sie sich badet.

Das Meer

wenn es reif ist
ziehen wir es an Land

seine Farbe schwankt
wie die Haut

jeden Tag bringt sie den Geruch
des ersten Schnees zurück

eine unsichtbare Ladung
die wir löschen

wenn wir aufwachen nachts
vom Durst

wenn wir gezählt werden
in der Küche sitzen schweigen

die Zunge vom Haken
lösen

wir schütteln es
bis sich die Schiffe

von den Wellen trennen
damit wir sie mahlen

und mit Salz verrühren
im Schatten

der Segel
ziehn wir ihm die Haut ab

das vergraute Holz
der Stege und lecken

Boote

Der See

und auf dem Wasser
ich
in diesem winzigen Boot

wie ein Balken
im Auge

RÜCKFAHRT

der Abdruck deiner Schläfe
am Fenster des Spätzugs
der sich auflöst
im Himmel
Jahre später fällt Schnee
und eine Wolke tupft
ihr Selbstbildnis
bis auf Höhe
dieses Augenblicks

DICHTER DER LIEBE

Etwas verlegen
leuchten die Sterne.

Aller Besitz
kommt wie eine Ersparnis vor,

das Glück
wie eine Gewaltphantasie.

Das Radio auf der Fensterbank
plärrt das Hohe Lied.

Wir arbeiten im Akkord
und stellen nichts her.

Denn eigentlich sind wir
Dichter der Nichtliebe.

Und mit einer Kleinen Nachtmusik
zieht man uns aus dem Verkehr.

IV Verschenkte Nachrufe

Talpa

Wer liest meine Gedanken?
Der im Dunkeln lebt.
Gleich wird er sie mir verraten:

während er blindlings
lichtwärts den Tunnel gräbt,
lehn ich auf meinem Spaten.

MUS MUSCULUS

Am Ende der Schwanz, wie dünner Rauch.
Auf dem Dachboden war es zugig und kalt.
Du lagst zwischen der alten Matratze
und der zerlegten Wiege: Form einer Spermie,

überlebensgroß unter der Sterne Mikroskop.
Speck oder Gouda, dein Gott,
einer sprach von vorne dich an, der andre
von hinten: der Bügel klemmte schon

tief im Genick, ich löste ihn nicht und trug dich
samt Falle hinunter, begrub sie mit dir. Kein Rascheln
stört die Schlafenden mehr. Trappeln, Knistern, Kratzen:
vorbei. Dies ist dein Gedicht. Zweites Schafott.

Tinca tinca

In Serie hat dich dein Schöpfer gemacht,
dein Kleid aus Schuppen umspült deine Form:
Zunge und Schote, Spore und Spreu,
verwaschene Spur des sprühenden Schwarms.

Was zieht dich zurück? Die Stille? Die Tiefe?
Trinkern, die sich morgens zum Spiegel schleppen,
gleicht dein Kampf, zurück zu kommen.
Deinen Rausch, schlaf ihn aus am Eimerrand.

Atmen und schweigen war eins.
Für Schmerz nicht empfänglich,
liegst du kalt in der Hand
dem, der sein Schweigen versilbert.

ERINACEUS

Das Gedächtnis schwach, die Gegenwart
an Ereignissen arm, wühltest du nachts
im Vorratsschrank nach Käfern und Schnecken,
schnarchend und schmatzend, pfeifend manchmal.

Begann der Himmel, wo die Erde endet?
Oder war, was vergangen,
ein unsterblicher Schmerz, und was blieb
unstillbar: dieses kurze Verlangen?

Egal – eine Schaufel wendet,
was mit Stacheln bewehrt, vom Teer
der Straße: dein Leib, der flache,
allem von oben abgewandte,

offenbart deinen Bauch: leer
wie die Hand, die das Gras durchfährt.

CALLIPHORA

Zweiflügler,Ascheflügler
mit der Schlafbrille aus Staub,

welche das Fleisch abgrast
und von jeglicher Farbe die Haut.

Dorn aus der summenden Krone.
Schwarze Flocke, herübergeweht

aus dem Schwarm über der frischen
Wunde: satt, endlich, abgezählt.

V Lichtloser Tag unter laubarmen Bäumen

METAMORPHOSIS

Jener Sommer.
Das Licht mähte, bis die Schwalben
stumpf waren. Hinter den Fenstern
schliefen die Zimmer.

Das Pappelrauschen im Äther.
Die Nähte im Teer
und unsere Fußspuren,
die vor dem Kiosk im Schwimmbad
verdunsteten.

Auf dem Schulweg kamen wir uns
aus der Nachtschicht entgegen:
eine Katze, einen Vogel
oder ein Junges
zwischen den Zähnen.

Noch immer hören wir das Summen
jener Fliege, wie sie einzog ins offene Maul
des toten Hundes,
der im Graben lag,
mit ihrem schwarzen Rucksack
voller Werbung.
Seine Augen waren
umgedrehte Spiegel.

Unvergessen bleibt
jene Schmetterlingsraupe,
die auf dem Kiesweg
zur Kirche kroch – schwarz, breit,
achtzig Jahre lang.
Ihr Rücken war bunt gepunktet:
in der Hitze hatte die Trauergesellschaft
Regenschirme aufgespannt.

MITTAGE IM AUGUST

Es ist das Licht. Es gießt
Blei in den See.
Jede Wolke zerfließt
darin wie Schnee.

Es ist der hölzerne Steg.
Das Wasser, das unter ihm klopft.
Die tote Amsel am Uferweg,
mit dem Himmel ausgestopft.

Es ist die Art und Weise,
auf die nichts geschieht.
Und von überallher ruft eine Meise:
Prinzip! Prinzip! Prinzip!

ABER

Wir haben Schnee, Sauerstoff, Poren.
Wir haben Wolken, Berge, Dunst,
Gras in den Mägen. Wir haben Engel
in den Spitälern, und wir haben Täler,
eng. Wir haben Gedanken, das Licht
auf den Dächern. Die Zehen unter der Decke.
Wir haben Fahnen. Wir haben Fenster.
Wir haben Nächte.
Wir haben Flüsse und Eis.
Wir haben die Abwesenden,
sie sitzen auf den leeren Stühlen.
Wir haben Bäume.
Wir haben Wege und Vieh. Aber

in den Nächten wehen die Fahnen.
Die Wolken sehen aus wie nasser Schnee.
In der Nähe der Haltestellen
wirkt alles schon verlassen.
Durst überkommt das Vieh.
In den Fenstern der Spitäler
gehen Engel aus Sauerstoff auf und ab
und suchen die Abwesenden.
In den Häusern
riecht es nach Morgenhunger
und Mittagsschlaf.
Und wir stapeln
die Stühle unter den Bäumen.

WIRD FRÜHLING

Unsre Geburtstage tragen wir
in den Abfallkalender ein. Am Abfuhrtag
steht dann auch unsre Tonne grau
am Straßenrand in der Mittagssonne
(Restmüll, Wertstoff oder Papier),
während der lokale Radiosender
einen musikalischen Glückwunsch sendet.
Der gelbe Punkt am Ende des Feldwegs?
Das Postauto, das die Werbung austrägt
und sich verfährt in diesem Moment,
denn der Feldweg endet am Damm der Tangente,
wo der Feldweg wendet und umgekehrt.

Hinter Hecken aus Eiben und Koniferen,
die Nacken sauber ausrasiert,
öffnen sich Höfe, Ställe, Garagen.
Nach jeder Nacht sind die Zweige voll Spinnen.
Im Gegenlicht gleichen die zitternden Netze
von der Winterreise zersungenen Gläsern,
bevor sie der nächste Herbststurm leert.
Felgenbäume stapeln Winterreifen.
In den Regalen lächeln Totenköpfe
auf den Fläschchen aus braunem Glas
mit Resten zwischen den Zähnen
von Melde und Quecke und Gras.

An den Fenstern regnen die Tage ab,
die jetzt früher anbrechen, sich länger ziehn.
Hinter einem sitzt eine Stubenkatze,
leckt sich die Pfoten, ihr Fischbesteck,
und über das Glas huschen Schwalbenschatten
wie ein Lächeln der Gravitation.
Die Fensterbank sammelt die toten Fliegen.
Jeden Abend eine Handvoll knisternder Noten
für ein Lied vom vergangenen Tag.

HUNDSTAG

Aus den alten Kinderfotografien fallen
lange Baumschatten auf die Straße
und schaukeln, Schwalben
sitzen darin und stoßen sich vom Ufer ab.
Auf dem Friedhof sind selbst die Birken verwitwet.
Die Kirchturmuhr löst eine Trauergemeinde auf:
der große Zeiger ist ein Wanderstab,
der in einen Haufen schwarzer Käfer sticht.

Wenn heute Montag ist, kommt der Kükenhändler.
Kämen die Zeugen Jehovas, zwei betagte Damen
in einem japanischen Geländewagen
mit einer Beule vorne links, wäre Dienstag.
Ihre Schuhe glänzen wie nasses Laub
und spiegeln ihre Gesichter,
die ihnen immer am Abend zuvor
ihre allergeheimsten Wünsche anvertraun.

In den wollenen Mützen im Schrank
kann man noch die großen Gedanken riechen:
verwegene Pläne, heiß geschmiedet
im vergangenen Winter. Geblieben
ist nur der Funkenflug der Fliegenschwärme,
über den halb gebildeten Kühen
kreisend: das Äußere der Gedärme,
dampfend und warm und vergesslich wie Gras.

Weil Mittwoch ist, kommt der Leiternhändler.
Die Bauern haben polierte Gesichter und fahren
die Ernte ein in ihre Favelas aus Lagerhallen,
die in der Hitze flirren. Man sieht in der Ferne
die Fahnen aus Staub, aufgewirbelt von
den mannshohen Rädern. Es ist ganz still.
Nichts ist zu hören. Nur Baumschatten,
die auf die Straße fallen.

SPÄTER VORMITTAG

im sportheim. an der garderobe regnen
die mäntel ab: schnaps und asche

der pfarrer, vom kaminfegen zurück
erzählt uns vom abbrand der tage:

die wir nur einwohner sind
uns nach und nach vergraben

im kirchschatten der eichen
stehen kühe auf der weide

mit ihren zerbeulten eutern
voll saurer zukunft

Halb Morgen, halb Gebet

Die Stille in mir und die Stille außerhalb meiner
vermengen sich
zum Vogelgesang.

Doch ich werde nicht leichter

Strippenzieher der Leere
Jasager des Schmerzes
Schwarzarbeiter des Glücks
Angestellter der Trauer
Strohmann des Nichts
Stehgeiger des Todes
des Lebens! –

ich stehe unter deiner schützenden Hand,
auf dem Dach des Wartehäuschens
rascheln Zweige,
und warte auf den Schulbus, ewiglich.

WUNSCH

Ich möchte, dass heut vor zwei Jahren ist.
Ich grub den leichten Hang um
und gab mit dem Spaten
der Erde die Hand
und ging bis zum Hemd,
das am Himmel klebte
die Haut war mein Rand.

Ich möchte dass heut vor zwei Jahren ist.
Ich sitze im blühenden Beet
an der gedeckten Tafel
in meinem Garten,
während mein Hund
und mein Schatten
satt zu meinen Füßen schlafen.

Freier Tag

Im Tunnel des Morgenspiegels
leuchten die Augen des Zuges,
der entgegenkommt seit immer.
Ich schweige, ich tausche
Zärtlichkeiten mit der Sprache aus.
Den ganzen Tag ist mein Schatten
um mich herum,
wie ein Erbschleicher.
Ich schaue in fremde Fenster,
ob ich etwas vergessen habe.
Ich staune, wie die Wiesen blühn:
barfüßig, wie Elegien,
schlurfend, mit offenen Senkeln,
gelöstem Haar, blutigen Knien.
Mich selbst betrachtend, entdecke ich:
was abwesend ist, tröstet
über seinen Verlust hinweg.

KÄSEBLATT

Auch was nicht geschieht,
wiederholt sich:
Beim Teppichhändler
erneuter Räumungsverkauf.
Notdienst der Ärzte und Apotheken:
ein Fenster brennt
in tiefer Fiebernacht.
Gruppenbild der Leserreise ans Nordkap.
Hinter den Busfahrer
fällt ein Schatten
wie ein Bärenfell.
Der Kosakenchor kündigt sich
für die Erlöserkirche an.
Unfälle. Fleischpreise.
Einbruch im Kindergarten.
Öffnungszeiten des Schwimmbads.
Jemand verkauft, noch warm,
ein Kinderbett.

ECKERMANNDENKMAL

Wo Socken, T-Shirts und Pyjamas
abtropfen auf den Wäscheleinen
(it is better in the Bahamas,
steht, verwaschen, auf dem einen),

wo drumherum nur öde Gegend,
verblühte Heide, Marsch und Geest,
und wo, die Welt vorbeibewegend,
der Bahnhof leer im Fahrtwind steht,

wo nachts der Mond am Firmamente
verlegen leuchtet wie die Glatzen,
die im Erotikkinocenter,
vorletzte Reihe, einsam wackeln,

da hat man für den Sohn des Ortes
in Schornsteinform ein Mal errichtet,
und jener Mann des großen Wortes
hat ihm dazu den Spruch gedichtet:

Dass alles Edle einfach wär',
von sich aus, und zu schlafen scheine,
bis dann, so der Olympier,
der Widerspruch es weckt. Alleine,

das Denkmal ist so hässlich, dass es
nicht glücklich macht, davor zu stehn
und abzuwarten, und ich lass es
tatsächlich. In den Gärten wehn

Pyjamas, Socken und die T-Shirts.
Der Film ist aus. Der Vollmond döst.
Und aus dem Kino geh ich heimwärts.
Verschämt und still. Und doch erlöst.

AUFS GRAS

Über jeden Tritt wächst es gnädig hinweg,
kein Fehlpass wird nicht überwuchert.
Niemand ermisst, wie es duftet, färbt,
die Schritte dämpft, die zum Ende schwer.
Auf Gras sollte leben, wer nicht wohnt am Meer.

Es pappt, frisch gemäht, unter den Schuhen wie Schnee.
Die Wunde der Niederlage, es schließt sie gnädig –
es löscht der Verlierer Spur.
Das Gras ist vergesslich, es wächst ins Vergessen:
Es schmeckt wie es riecht. Man kann es fressen.

Es

Es ist nicht der in der Küche gegenüber, er
setzt sich, isst, blickt aus dem Fenster. Nicht
die Häfen sind es, nicht das Rot
auf den Lippen der Frauen. Es sind nicht die Leute
in der Bahn mit Sporttaschen im Arm,
niemals. Die Brennnesseln nicht, die duften
nach dem Regen. Es ist der in der Küche gegenüber, er
setzt sich, isst, blickt
aus dem Fenster. Die Häfen sind es, das Rot
auf den Lippen der Frauen. Die Leute
in der Bahn, mit Sporttaschen im Arm,
immer. Es sind die Brennnesseln,
die duften nach dem Regen.

Schlaflosigkeit

Puppe im wollenen schwarzen Kleid
Deine Schritte klappern wie die Nadeln
mit denen die Nacht strickt

Du stehst unter meinem Fenster
auf deinen schneeweißen Beinen
und schaust hoch
mit deinem Porzellangesicht

In den kahlen
Baum deine
Perücke

STUNDE BEIM PROSEKTOR

Die hat zwei Tage in der Wohnung gelegen,
zwischen zwei Katzen und ihrem Hund.
Ursache unklar, Zeitpunkt so gegen
sieben, halb acht. Wie Butter der Mund.

Er wäscht und kämmt und sagt, seht nicht hin,
besser, ihr geht, wenn ihr's nicht sehen könnt.
Und dreht und schrubbt und wischt mittendrin
den Schweiß von der Stirn, der abwärts rennt.

VI Selbstbild mit Schafen

POETOPHEM 1

Die Sprache ist ein graues Ei
Eine Katze wird herausgezogen
Sie schüttelt sich und 1 2 3
ist sie schon davongeflogen

ABWESENHEITSNOTIZ

damit sich das Papier merkt
was ich nicht weiß
ritze ich ihm diese Abwesenheits-
notiz auf den Rücken

während es aus dem Fenster
in den Schnee
schaut und meinen
Namen vergisst

Poetophem II

Wenn die Sprache
keine Ausrede ist,
ist der Himmel
ein leeres Blatt,

aus einem hohen
Stapel gezogen.
Jemand schiebt es
unter der Tür hindurch,

mit deinem
Gesicht als Wasserzeichen.
Bis zu den Stiefeln,
die noch warm sind.

GEDICHTANFÄNGE

Gedichtanfänge
wie Lawinenabgänge.
Unterm Schnee begraben:
Pläne, Perlen, Vorhaben.

Gedichtanfänge
wie Schwanengesänge:
Den weißen Hals gereckt,
voll Tränen, Wohlklang, Dreck.

Gedichtanfang –
ein Wort.

Zu lang.

GEDICHT

Ich bin nicht jenes neue, eine,
auf das ihr so lange schon wartet,
vergeblich. Das Neugeborene nicht,
von euren durstigen Zungen,
rauh wie ein Radiergummi jede,

trockengeleckt. Ich bin nur etwas Warmes
in der Hand eines jungen Gottes, klein
und verdreckt, der nichts begreift
und mich an sich drückt. Gleich
wirft er mich ins Feuer zurück.

Vielleicht

Vielleicht ist alles Schreiben nur der Vorsatz,
nichts mehr zu sagen, eingehalten
im Moment des Schreibens: ausgesetzt
der eigenen Schwäche
wie einem Stärkeren, nur,
um irgendwann doch
aufgefressen zu werden
von der Hoffnung
oder einer anderen Krankheit,
entstanden
durch zu wenig Schreiben.

SELBSTAUSLÖSER

Dein tiefer, dunkler Wald –
schwer, wieder hineinzufinden.
Dein großer ruhiger Fluss –
nur ein Äderchen im Auge.
Gehst deinen Ansichtskarten voraus,
wehst deinem Abschiedskuss hinterher:
Deine Eltern sitzen in ihrem Elternhaus
am Küchentisch und warten auf dich
und essen vom Puppengeschirr,
und über ihnen dreht sich der Fliegenfänger
und leckt den Sommerhimmel leer.
Deine Fortschritte, sagen sie:
Kellertreppen, im Suff gemauert.
Deine große Liebe:
ein schmales Bett, frisch bezogen.
Deine Selbstbilder:
verblasst, vom Licht überdauert.
Nur Schmelzwasser war dein Fieber,
deine Begeisterung nur entflogen.
Jedes deiner Lieder: nur ein Glied
in der silbernen Kette von Nächten,
in denen die Vögel abhusten.
Und alle deine Verse,
all deine Verse:
nur dir selbst nachgerufen.

ZEICHENSPRACHE

Die Sonne, der Strohhut im Reisfeld,
der Sternenhimmel,
die Fliegen in der Milch,
das Krippenspiel der Buswartehäuschen,
das Blinken der Windräder,
das Knarren der Dielen,
das Ratschen der Spülung,
die Trauerweiden am Flussufer,
inzwischen staatstragend,
die Dienstbesprechung der Spatzen
auf der Überlandleitung,
der Maskenball der Rabenkrähen,
das Trauerspiel der Freude
beim Biss ins Brot,
die Fruchtfolge der Augen,
die Mutterfremdsprache,
der Futterneid des Klees,
der leichte Überbiss des Schnees:
Epiphanien im Halbdunkel,
die in nichts münden
als in neuen Sehnsüchten
nach nichts Bestimmtem.

SCHWARZER TAG

Sprache, schreib mich nicht ab.
Das Unbegreifliche geschieht: nichts.
Ich antworte auf Durchsagen, Automatenstimmen.
Die Augen: zwei Kringel,
mit dem ausgestreckten Zeigefinger
in den Sand gemalt: da und da.
Wie mich die Vergänglichkeit berührt
mit meinem Blick.
Die Wahrheit stimmt
mich traurig.
Derweil ist meine Vergangenheit ein Traum,
den meine Erinnerung hat.
Jedesmal, bevor er endet,
wacht sie auf, und die Frau,
die neben mir liegt, fragt mich,
ob sie auch vorkomme
in diesem Gedicht, und nein,
antworte ich leise,
noch nicht.

Morgenblatt

Klare Luft. Das Licht glänzt.
Die Wellbleche der Lagerhäuser blenden.
Atemwolken, wie plötzlicher Rauch
aus einer stillgelegten Fabrik.
Blaue Löcher.
Der Benzingeruch sind die Gärtner,
die das Unterholz lichten.
Und ein eingerüstetes Schiff
schwebt überm Wasser,
im Fenster die Wellen.

Ironie und Lakonie

Die Ironie
sitzt auf dem Knie.
Die Lakonie,
die macht das nie.

Die Ironie
ist süß und reizend.
Die Lakonie
ist scharf und reißend.

Die Ironie
ist ungefährlich.
Die Lakonie
ist stumm und ehrlich.

Die Ironie
ist leicht und leis.
Die Lakonie
ist schwarz auf weiß.

Die Ironie
ist zart und groß.
Die Lakonie
der harte Trost.

Die Ironie
ist sanfter Spott.
Die Lakonie
der liebe Gott.

DER DICHTER IST SEIN EIGENES KIND

Der Dichter ist sein eigenes Kind.
Es reicht ihm schon bis zur Hüfte
und geht an seiner Hand.
Er schaut sich verwundert von oben an
und schaut von unten zurück:
einmal unsterblich,
einmal verwandt.

Selbstbild mit Schafen

Die Lämmer auf der Weide glotzen orthodox
und rupfen Gras und liegen, scheißen, träumen

in den Tag hinein, an dem du Großes denkst.
Unendlich ist die Gegenwart im Blick des Bocks.

Hier stehen sie. Die weißen Felle schäumen.
Und während eins aus deiner Rechten frisst,

voll Sanftmut oder Blödheit im Gesicht,
hängst du großen Gedanken nach. Und hängst.

Und hängst. Und hängst und bist
doch nur das Gegenteil von dem was nicht.

MUTTERSPRACHE

So bleibt ihr das Unverstandene
nicht fremd:
Den Sprachlosen
wächst sie ans Herz.

WAS BLIEB

Die Vorräte, die Abgründe: Der Pfusch
am Überbau. Die Träume: Wiesen
voller Schlüsselwörter, und mitten im Wald
die Druckerschwärze der Ameisenstraße
mit der letzten Meldung von toten Insekten,
Resten von Speisen: Halb verhungert
gelangten wir zur Aporie, sangen, schlangen.

Morgens erwachten wir selbstaufblasend.
Hunde leckten uns abends die Hand, leckten
ohne Liebe, voll Durst. Die Hand roch bald
nach dem Fell, verwuchs sich zur Pfote,
behaarte von außen, blieb bettelweich innen,
hell. Hufnasen stießen abends paar Verse aus,
unhörbar, unerklärbar fürs menschliche Ohr.

Alle Namen im letzten Stück Kreide.
Die Meterware der Gedanken. Wenn sie riss,
waren wir nackt wie niemand uns schuf.
Und noch einmal zog der Chorus nach Süden,
hob an – uns zuliebe, denn auch wir blieben übrig.
Schatten werfend, leise summend.
Oder irgendein Morbus schlich sich heran.

NACHWORT

Als wir uns verabschiedet hatten, ging ich nach Hause
und schrieb diese Sätze:
Man muss schreiben und die Dinge beschreiben.
Man muss den Baum beschreiben und das Lexikon.
Man muss die Küste beschreiben,
den Todesmarsch. Den Lidschatten
muss man beschreiben
und wie ein Betrunkener
seine Schlüssel aufhebt:
Wie ein Baum seine Blätter.
Als ich es schrieb, sah ich eine Katze
im Schatten der gegenüberliegenden Toreinfahrt sitzen
und heimlich
mit den Flügeln schlagen.
Ich strich das Geschriebene wieder durch.
Es ging sehr zäh,
sie erhob sich kaum vom Boden.

NACHTLICHT

Vorgelesen, bis der Schlaf eintrat.
Wie sich die Hüfte jetzt stemmt
gegen die Nacht, das Dunkel.
Die Schultern, der Rücken,
bedeckt vom knitternden
Hemd. Da liegt er und murmelt
leise, mein Kissen zwischen
die Knie geklemmt. Das helle
Haar, diese lange Reise.
Die Haut: von der Schatzkarte
abgerissen, warm von den Winden
der Welt. Offen, mit Lücken
geschmückt und abgebissen
von der Ewigkeit: sein Mund,
der auch die nicht behält.
Und im Halbschlaf das Herz.
Oder der Ball, der im Innenhof
auf seinem Schatten hüpft,
bis das Kind gerufen wird.

ANMERKUNGEN

S. 16
Schon badet morgens der Fuchs in den Wiesen
Landläufiger Ausdruck für erste Nebeltage im Spätsommer.

S. 75
Talpa
Der Maulwurf

S. 76
Mus musculus
Die Hausmaus

S. 77
Tinca tinca
Die Schleie

S. 78
Erinaceus europaeus
Der Igel

S. 79
Calliphora
Blaue Fleischfliege

S. 93
Johann Peter Eckermann
Goethes Helfer in seinen letzten Lebensjahren, wurde 1792 in Winsen/Luhe geboren.

Arnold Stadler

Schwer wie ein Schatten, leicht wie das Licht
oder
Nachgetragen, hinterhergeschrieben

1.

Es gab Menschen, deren Schmerzmittelkoffer so groß war, dass er mit einem Kosmetikkoffer verwechselt wurde. Und solche gab es, die lebten ein Leben ohne Geheimnisse und nahmen dies als einziges mit ins Grab. Ihre Geheimnislosigkeit war das einzige. Und alle lebten zuweilen in Landschaften, die so wehmütig gestimmt waren, dass ein Gedicht aus allem werden musste.

Und nicht jeder, der sehen konnte, sah auch etwas. Und noch seltener waren solche, die »es« sagen konnten. »Selig der Dichter, dessen Schmerz zur Sprache wurde«.

Ein solcher ist Ulrich Koch.

Das war der Augenblick, auf den ein Gedicht wie dieses folgte:

Was dachtest du nicht

Was dachtest du nicht,
was Poesie sei.

Der Schatten eines Baumes
der Genitiv des Lichts.
Das Gewicht eines Apfels
der Druck einer Hand.
Der Vollmond der Spiegel
eines fliehenden Rehs.

Wer
hatte das geschrieben?
Ein Verrückter?

Was dachtest du nicht,
was Poesie sei!

Augenblicke,
wie Stichstraßen ans Meer.
Lichte Momente,
schwer
wie Blei.

Alpen aus Wolken.

Und vorbei.

Ich wollte also mit diesem Schlussgedicht »Was dachtest du nicht« von Ulrich Kochs Gedichtband »Der Tag verging wie eine Nacht ohne Schlaf« beginnen.

2.

Zum Beispiel das schöne, schöne Gedicht »Nachsommer«: Lesen Sie es bitte selbst, und dann sprechen wir weiter.
Bei Adalbert Stifter, dem, so glaube ich, die deutsche Sprache das Wort »Nachsommer« ein Bleiben verdankt, ist der Nachsommer jene Zeit, in der der Mensch mit dem Satz »Und schon ist es Abend« lebt. Man muss es nicht gesehen haben. Aber wenn man es vernommen hat. Der Dichter liefert die Bilder dazu: zur Sprache gebrachte, ans Licht der Welt gebrachte Bilder, eine ans Tageslicht der Sprache beförderte Welt.
Die Bilder sind Bilder, die über jeden Bilderrahmen hinausgehen, mit dem Neigungswinkel des Verlangens. Und
Der Mond war ein Leckstein auf der Pferdeweide

Das sind keine Metaphern, sondern Beweise.

Besser einen Satz mit »und« anfangen als mit »nein«. Ich konnte Menschen nie leiden, deren erstes Wort »nein« war, und Kinder, die als erstes, statt »Mama« oder »Auto« »Nein!« sagten, schon gar nicht. Und jene, die ein Leben im Indikativ führten und wussten, wo es lang ging, schon gar nicht.

Heute ist es leider so: Wer Gedichte schreibt, muss sich rechtfertigen – oder nicht?

Gilt das auch für die Dichter, in einer Zeit, da das Wort Lyrik ein Schimpfwort aus dem Deutschen Bundestag ist?

Ein berühmter Politiker von einst sagte mir vorgestern: »Seitdem ich nicht mehr in der Politik bin, muss ich nicht mehr lügen.«

Es wird ja so viel gelogen tagsüber, das Leben über. Der einzige Ort auf der Welt, den ich davon frei wähnen darf, ist das Gedicht, das wahre.

Paul Celan schrieb einst an Hans Bender, den Herausgeber der AKZENTE, dessen Briefe und Gedichte von tausend Dichtern nun auch im »Kölner Loch« verschwunden sind, den berühmten Satz: Nur wahre Hände schreiben wahre Gedichte.

Das Gedicht ist auch ein Traum, den man singen könnte.
So etwas ist auch dieser Band »Lang ist ein kurzes Wort«.

Von Ernst Meister gibt es ein Gedicht, das sich an ein Gedicht von Hölderlin anschließt:

»Lang oder kurz ist die Zeit, und das Wahre, das sich ereignen wird, heißt Sterben«

Das ist der Mensch: er liebt und lügt ein Leben lang, einzig im Gedicht will er die Wahrheit sagen, denn der Mensch strebt nach dem wahren Leben: das ist die innerste Regung eines Gedichts, das seinen Namen verdient.

Kontrafaktische Sprache und Sätze: das ist das Gedicht.

Das schöne Gegenteil der Lüge. Das Gedicht ist vieles, auch ein Teppich von hier nach dort, und auch die Gegenrichtung und das Gegenteil: kein Teppich. Immer aber wird es – für mich, für mich, denn ich bin nicht der Papst oder ein Kritiker, der seine Urteile im Indikativ verfasst – ein Bild sein, das mehr als ein Bild ist, ein Bild über jenen Rahmen hinaus. Das ist Poesie, kommt von poiein, heißt, glaube ich: machen. – Was dachtest du nicht, was machtest du nicht.

3.

Ulrich Koch, den ich vor vielen Jahren beim Freiburger Literaturgespräch kennenlernte, schon als fertigen Dichter, sozusagen, und dann haben wir uns immer wieder zum Lachen und Reden und Schweigen in den Freiburger Cafés getroffen (es sind ja nicht mehr so viele, ich trauere namentlich um die Zitronenschaumrolle des Café Steinmetz) und haben über Gott und Welt gesprochen, und über Gedichte, ohne ausgelacht zu werden, ich weiß noch. Weiß noch.

Was gibt es mehr als ein richtiges Gedicht, das sagen kann, was nicht zu sagen ist – und was so bisher noch von keinem gesagt wurde.

Weit zurück, vielleicht an den Anfang, geht auch dieses erste Gedicht »Vorabend in der Vergangenheit«:

Im Innenhof übt ein Junge
Weitschüsse. Vor jedem Schuss
nimmt er den Ball
in die Hände und
streicht ihm die Haare
aus dem Gesicht.

Und wie ging es weiter? Ich kannte einen Jungen, der mit seinem Vater über die Dünen auf dem Weg zum Meer war. Gleich würde er es sehen, zum ersten Mal. Und als er es so vor sich liegen sah, rief er aus: *La piscine!*

So ein Verhältnis zur Welt hat auch der Dichter: er wird ein Leben lang diesen ersten Blick haben, etwas zum ersten Mal sehen. So ein Lyriker, wie wir ihn in Ulrich Koch haben, ist Vieles, auch unser Stellvertreter.

4.

Wahrscheinlich heißt dieser Band so, weil es und alles so kurz ist, und die Geschichte dazu eben so lang. Jeder Gedichtband ist ein über alle Jahreszeiten und Zustände verteiltes lyrisches Itinerar. Zu

Ende gelesen, haben wir ein Leben. (Und dann die zwischen den Zeilen gelesene Bitte um Schlaf.) Der Ort, an dem sich der Dichter befindet ist vielleicht jener: *Die Sehnsucht war damals meine Zukunft, so wie die Vergangenheit nun mein Heimweh ist.*

Auch ein großes »Es gibt«-Gedicht gibt es.

Die ganze Welt gibt es, aber so, wie wir sie bisher nicht gelesen und gesehen haben. Denn das Gedicht ist ein Sehen und Lesen der Welt, und auch ein Schreiben.

Das Gedicht ist immer auch eine Partitur.

Es ist ein Paradies oder eine Hölle, aus der wir nicht vertrieben werden können.

Es ist etwas, etwas aus der Welt des »Es gibt« und dem Dichter und seinem Gefährten, dem Leser, wird es ein Trost sein oder nicht, dass wir für alles eine Sprache hatten, selbst für das Nichts.

Daher ist ein Wort wie »genau«, in Bezug auf Gedichte, das Ungenaueste, und auch Belangloseste, was im Blick auf Gedichte, auch von diesen hier, gesagt werden kann.

Wie ich das Wort »genau« hasse! – vor allem im Zusammenhang mit Gedichten.

Oder das Wort »präzis«, welches ich immer wieder lesen musste in den Texten von Handwerkerseelen, die in der kleinen Welt der Richtigkeiten leben. Aber beim Lesen von Ulrich Koch, ist es genau dies, was sich immer wieder aufdrängt, sagen wir »Klarheit« – und einleuchtend.

Das sind Gedichte, unter die ich »schön« schreiben musste.

In der Abteilung VI SELBSTBILD MIT SCHAFEN fand ich auch das Gedicht, das »Nachwort« heißt. Da las ich: *Man muss schreiben* und *beschreiben. / Man muss den Baum beschreiben* und *das Lexikon.* Das ist die Konsequenz und die Fortsetzung aus dem »es gibt«.

Und die Liebe wäre längst verflossen und vorbei. So aber!

Ja, die Dichter und ihre Lieder haben es meist mit dem zu tun, was nicht mehr ist.

Und manchmal können das die geneigten Hörer nachempfinden.

5.

Die Erinnerung an das, was beinahe das Glück gewesen wäre, das ist das Kapital auch dieses Lyrikers, der wahrscheinlich gar nicht Dichter genannt werden möchte, die dann in einem Gedicht mündet und aufgehoben ist.
  Wäre alles so glatt verlaufen, dann? --- Sonst würden sie nicht schreiben, sondern leben?
  Zweifellos lebt so ein Lyriker auch, ja, mehr als die anderen; und dass es schön ist, zum Ja-Sagen und Bleibenwollen schön! – bringt einen wie einen solchen Lyriker zum Schreiben von Gedichten. Es ist – trotz allem – eine Bejahung, eine Danksagung, das ist der rote Faden dieser Gedichte, die schön und aufrecht dastehende Ja's sind, zum Leben, zur Liebe, selbst zum Nein: ein großes Einverstandensein. (Er hat ja geschrieben, sonst wäre er verstummt oder hätte etwas anderes gemacht. So aber!)
  Genau so ein Leben ist ja die Voraussetzung, die den Dichter getrieben hat, es aufzuschreiben, damit es aufgehoben ist. Wie es diesem Dichter glückte!
  Es ist bei so einem Lyriker fast alles so wie bei den anderen, nur eine kleine Differenz, eine auf keiner Skala feststellbare, aber entscheidende ist es, die ihn zum Schreiben bringt.
  Ich war, als ich in diesen Gedichten las, wie auf einem immerwährenden Nachhauseweg.

Das Gedicht ist, ist, ist in einer Welt angesiedelt, die eigentlich – so will es, diktiert es die Erinnerung der Empfindsamkeit – immer zurückreicht in jenes Etwas, das zu Zeiten Paradies, manchmal Hölle, aus dem wir nicht vertrieben werden können, und wo wir vielleicht gar nie richtig waren. Es ist die Sehnsucht von einst, die nun in ein Heimweh umschlägt --- nach immer und nie – nach jenem ganz anderen.
  Man muss natürlich ein wenig entsprechend veranlagt sein, gewiss. --- Es gibt Menschen, die schaffen es nie. – Und dann gibt es einige Wenige, die haben es geschafft: die dem Ungesagten und dem Ungesehenen eine Sprache und ein Gesicht geben konnten. Einer von ihnen ist Ulrich Koch.

INHALT

I VORABEND IN DER VERGANGENHEIT

Vorabend in der Vergangenheit · 9
Allermorgen · 10
Groschenroman · 11
Dienstag, Besuch · 12
Ätherrauschen · 13
April · 14
Oktober · 15
Nachsommer · 16
Gegenfrage · 17
Post 1 · 18
Wäsche und Wolken · 19
Spätheimkehrer · 20
Sekundenschlaf · 21
Samstagmittag · 22
Entrümpeln · 23
Wie · 24
Elegiebruch · 25

II SELBSTGESPRÄCH MIT NIEMAND

Eine jener Schürzen · 29
Selbstgespräch mit niemand · 30
Das Bett · 31
Himmlische Putzkolonnen · 32
Wäscheleinen · 33
der toten leitung · 34
Abendlicht · 36
was auch immer geschieht · 37
Elternhaus · 38
Am siebten, abends · 39
M · 40
Sonntag · 41

III Lang ist ein kurzes Wort

Hauch · 45
Winterpause · 46
Mariechen · 47
Im Mai · 48
Jardin · 49
Schüleraustausch · 50
Palermo · 51
S-Bahn · 52
Post II · 53
Schnecken · 54
Das Hohe Lied · 55
Dreiecksgeschichte · 56
Kleinanzeigen · 57
Beim Verlassen der Kunsthalle · 58
Bei laufendem Motor · 59
Dienstreise · 60
Post III · 61
Zwischenfall · 62
Fund · 63
Platonisch · 64
Ständchen · 65
Vor Jahren · 66
Nachtblatt, irgendwann · 67
Brandung · 68
Das Meer · 69
Der See · 70
Rückfahrt · 71
Dichter der Liebe · 72

IV Verschenkte Nachrufe

Talpa · 75
Mus musculus · 76
Tinca tinca · 77
Erinaceus · 78
Calliphora · 79

V LICHTLOSER TAG UNTER LAUBARMEN BÄUMEN

Metamorphosis · 83
Mittage im August · 84
Aber · 85
Wird Frühling · 86
Hundstag · 87
später vormittag · 88
Halb Morgen, halb Gebet · 89
Wunsch · 90
Freier Tag · 91
Käseblatt · 92
Eckermanndenkmal · 93
Aufs Gras · 94
Es · 95
Schlaflosigkeit · 96
Stunde beim Prosektor · 97

VI SELBSTBILD MIT SCHAFEN

Poetophem I · 101
Abwesenheitsnotiz · 102
Poetophem II · 103
Gedichtanfänge · 104
Gedicht · 105
Vielleicht · 106
Selbstauslöser · 107
Zeichensprache · 108
Schwarzer Tag · 109
Morgenblatt · 110
Ironie und Lakonie · 111
Der Dichter ist sein eigenes Kind · 112
Selbstbild mit Schafen · 113
Muttersprache · 114
Was blieb · 115
Nachwort · 116
Nachtlicht · 117

Nachwort von Arnold Stadler · 119